Mon treillis et autres poèmes

Frédéric George Scott

Writat

Cette édition parue en 2024

ISBN : 9789359947006

Publié par
Writat
email : info@writat.com

Contenu

MON TREILLIS.

MON treillis regarde vers le Nord ,
Les vents sont frais qui entrent ;
La nuit, je vois les étoiles apparaître,
Arcturus au centre .

Le rideau tiré sur ma croisée
est une brume rosée qui s'attarde
jusqu'à ce que ma servante, l'aube rose ,
la soulève avec ses doigts.

Les moineaux sont ma cloche du matin ,
Chaque jour mon cœur se réjouit,
Quand, du treillis où ils habitent,
Ils m'appellent de leurs voix.

Puis, tandis que je rêve les yeux mi-fermés ,
Sans un bruit ni un mouvement,
Pour moi ce petit carré de ciel
Devient un océan sans limites.

Et tout droit mon âme déploie ses voiles
Ce ciel bleu-mer à couper ,
Mes imaginations sont les vents silencieux
Qui l'emportent pour toujours.

Je navigue dans les profondeurs de l'espace
Et laisse les nuages derrière moi ,
Je dépasse la cachette de la vieille lune,
Les rayons du soleil ne peuvent me trouver.

Je navigue au-delà de la lumière solaire ,
Au-delà des constellations,
À travers les vides où se profilent en vue
Nouveaux systèmes et créations.

Je traverse de grands mondes de pierre silencieuse ,
D'où la lumière et la vie ont disparu,
Qui errent vers des étendues inconnues,
Dans un exil solitaire banni.

Je rencontre des sphères de brume ardente
Qui me réchauffent en entrant ,
Où – rubis, or et améthyste –
Les lumières de l'arc-en-ciel se concentrent .

Et je continue à naviguer vers les vastes étendues,
discernant toujours de nouvelles merveilles,
jusqu'à ce que mon esprit soit enfin perdu,
et, revenant soudainement,

Je sens le vent qui, frais comme la rosée ,
Tombe sur mon visage,
Et je revois mon coin de bleu
Et j'entends l'appel des moineaux.

SAMSON.

PLONGÉ dans la nuit, je suis assis seul,
sans yeux sur cette pierre du donjon ,
nu, hirsute et négligé,
rêvant des rêves qu'aucune âme n'a rêvés.

Rats et vermine autour de mes pieds
Jouez indemnes, doux compagnons ;
Les araignées me tissent
des rideaux de soie pour mon lit.

Jour après jour, je sens la
moisissure De cette cellule boursouflée de champignons ;
Chaque nuit, dans mon sommeil hanté
, les lézards rampent sur mon visage.

Des lames de fer grattent et brûlent
Poignets et chevilles quand je me retourne ,
Et mon cou est à vif
Avec les dents d'airain qui rongent.

Dieu d'Israël, peux-tu voir
toute ma féroce captivité ?
Tes tendons ressentent-ils mes douleurs ?
Entends -tu le cliquetis des chaînes ?

Toi qui m'as rendu si beau ,
Fort et flottant comme l'air,
Grand et noble comme un arbre,
Avec les passions de la mer,

Rapide comme un cheval sur mes pieds ,
Féroce comme un lion dans ma chaleur,
Déchirant comme un brin de foin,
Tous ceux qui ont osé résister à mon chemin,

Peux-tu me voir à travers l'obscurité
De ce tombeau souterrain,
Tigre aveuglé dans sa tanière ,
Autrefois seigneur et prince des hommes ?

Clay, c'était moi ; le potier,
avec ton ongle de pouce , tu as lissé mon front ,
tu as roulé les sables mouillés de crachats
dans les membres entre tes mains.

Tu as versé dans mon sang
la fureur du feu et du déluge ,
Et sur les cieux sans limites
Tu as d'abord ouvert mes yeux.

Et mon souffle de vie était une flamme ,
semblable à Dieu de la source où il venait,
Tourbillonnant comme un vent furieux,
Pensées rassemblées dans l'esprit.

Fort tu m'as rendu fou , jusqu'à ce qu'enfin
toute ma faiblesse soit ma force ;
Je suis torturé, aveugle et détruit,
Pour un architecte fautif.

De la femme à mes côtés ,
étais-je une femme pour cacher
Ce qu'elle m'a demandé, comme si la peur
Mon cœur de fer pouvait-il s'approcher ?

Non, j'ai méprisé et méprisé encore
les lâches dont la langue retient ;
Je ne me souciais pas plus de tes lois
qu'un vent de pailles éparpillées.

Quand la terre trembla à mon nom
Et que mon sang fut tout enflammé ,
Qui étais-je pour mentir et tromper
Celle qui s'accrochait à mes pieds ?

De tes narines ouvertes soufflent
le vent et la tempête, la pluie et la neige ; Les
maudis -tu dans leur course,
À cause de la fureur de leur force ?

Je suis torturé, brisé et courbé ,
Mais l'âme intérieure est fière ;

Les entraves des donjons ne peuvent pas calmer
les Forces de la volonté indomptée .

Dieu d'Israël, descends et vois
Toute ma féroce captivité ;
Que tes tendons sentent mes douleurs,
Avec tes doigts soulève mes chaînes.

Puis, avec un tonnerre fort et sauvage ,
réconforte ton enfant rebelle,
et avec des éclairs divisés en deux
Cœur sans amour et cerveau aveugle.

Donne-moi de la splendeur dans ma mort -
Pas ce souffle nauséabond de donjon ,
Rampant mon sang comme de la bave,
Jusqu'à ce qu'il me consume dans la fleur de l'âge.

Rendez-moi pour une heure aveugle ,
La moitié de ma rage et de mon pouvoir d'antan,
Et un envoi de crise géant,
Rendez-vous pour prouver la fin d'un héros.

Alors, ô Dieu, montre ta miséricorde —
Écrase-le dans le renversement
dont ils méprisent et pointent du doigt la vie ,
par sa grandeur désarticulée.

DANS LA VIA MORTIS.

Ô vous, grande compagnie de morts qui dormez
Sous l'écorce verte du monde, je viens à vous,
Avec des membres chauds et doux, avec des yeux qui rient et qui pleurent,
Un cœur fort pour aimer et un cerveau transpercé de part en part De
pensées dont
les éclairs rapides font mon jour
— Vers toi mon courant de vie court sur son chemin
À travers les marges peu profondes des profondeurs éternelles.

Et nu, je viendrai parmi vous, dépouillé
de toutes les vanités de la vie, de sa lumière et de sa puissance,
de ses convoitises terrestres, de sa haine et de son mépris mesquins,
des cadeaux et de l'or que j'ai chéris pendant une heure ;
Et même de cette maison de chair mise à nu, —
Une âme transparente comme l'air frémissant de chaleur,
Dans votre communion je naîtrai.

Je ne vous connais pas, grandes formes de rois géants,
qui tenaient la domination entre vos mains de fer,
qui jouaient avec les batailles et toutes les choses valeureuses,
vous considérant comme des dieux lorsque sur les sables
vous empiliez les fragments de roche de la terre en un tas
pour marquer et garder le grandeur de ton sommeil,
Et j'ai bu la coupe qu'apporte la mort, notre mère.

Je ne vous connais pas, grands guerriers, qui avez combattu
Quand le sang coulait comme une rivière à vos pieds ,
Et chaque mort provoquée par vos coups d'épée tonitruants,
Que la pluie sauvage de baisers de l'amour était plus douce.
Je ne vous connais pas, grands esprits, qui, de votre plume,
avez gravé dans le cœur ardent des hommes
des espérances qui engendrent l'espérance et des pensées qui allument la
pensée.

Mais vous êtes là, rassemblés dans le royaume
où les esprits sans langue parlent de cœur à cœur,
et où les marins sans yeux et sans gouvernail
dirigent les mers là où toujours elles se ferment et se séparent
les nuages sans vent ; et tout ce que vous savez, c'est ceci :
vous n'êtes plus comme vous l'étiez dans la douleur ou le bonheur,
mais un étrange engourdissement accable toute pensée .

Et je vous rencontrerai, ô vous, puissants morts,
Venez tard dans votre royaume par les portes
d'une angoisse féroce où je marche,
Avec un cœur qui tantôt oublie, tantôt médite
Sur les vastes champs qui s'étendent au loin
Où les morts errent au-delà des limites de jour,
vie passée, mort passée, douleur et peur passées.

Souvent, quand le soleil d'hiver descend pour se reposer
À travers les longs champs croustillants d'un blanc doré,
Et sans bruit sur la poitrine au niveau de la terre
La marée grise inonde la nuit qui se noie,
Un murmure, comme le roulement d'une bataille lointaine
Entendu au-dessus des montagnes, s'insinue dans mon âme,
Et là je la reçois comme un invité.

C'est l'écho de vos anciennes douleurs,
Grands morts, qui gisent si encore sous terre ;
Sa voix est comme le vent de la nuit après les pluies,
Le vol des ailes d'aigle qui étaient autrefois liées,
Et tandis que j'écoute dans l'air étoilé,
Mon esprit devient plus fort que le désespoir,
Jusqu'à ce que par ta puissance je brise les chaînes de la prison de la vie.

Alors montez-moi rapidement vers vos sombres demeures,
invisibles, hors de portée de la vue, où vous habitez maintenant
dans des maisons faites de rêves sur des routes sombres
qui mènent à des labyrinthes où personne ne peut le dire,
car ceux qui les enfilent s'évanouissent au bord du chemin.
Et chaque fois qu'ils traversent le crépuscule gris,
le doute marche à leurs côtés et une terreur les aiguillonne.

Et là, les grands morts m'accueillent et portent
à ma bouche leurs coupes de plaisir insipide ;
Me voici peu de valeur, me voilà roi, Car la vie palpitante apaise encore
la somnolence de mon esprit ,
Et celui qui détient encore le don de la vie
Est plus puissant que les héros des conflits passés
Qui ont été fauchés dans la grande moisson de la mort.

Et çà et là, dans les rues silencieuses,
je vois un visage que j'ai connu, peut-être aimé ;
Et comme je l'appelle, chaque mur blanc répète

le nom prononcé, et rapidement la forme s'est déplacée
et, sans me soucier de moi, passe encore et encore,
jusqu'à ce que la vision de ma vue s'en aille
doucement alors que la nuit au contact de l'aube se retire.

Pourtant la vision de la vie doit s'effacer et je viendrai,
ô puissant mort, dans ton pays caché,
Quand ces yeux ne verront pas et que ces lèvres seront muettes,
Et que toutes les fleurs de la vie s'échapperont de cette main sans nerfs ;
Alors vous vous rassemblerez autour de moi comme une marée
Et avec vos visages se cacheront les paysages étranges,
Tandis que votre musique étrange engourdira chaque sens.

Ainsi vivrais-je la brève durée de cette vie, grand mort,
comme vous l'avez vécu autrefois, avec une volonté de fer,
un cœur d'acier à conquérir, un esprit nourri
des espoirs et des desseins les plus riches, jusqu'à ce que
vous m'établissiez un trône royal,
Et accueille en confédéré la tienne
L'âme qui m'a quitté sur mon lit mourant.

THOR.

ICI se tenait le grand dieu Thor ,
là il posa son pied,
et le monde entier trembla, depuis le rivage
jusqu'au cercle de montagnes que Dieu a mis
pour sa couronne dans les jours d'autrefois.

Les vagues de la mer s'élevaient ,
Les arbres des bois étaient arrachés ,
Descendaient de la couronne de neiges des Alpes
L'avalanche glaciaire portée
Tonnait à la fin du jour.

Mais la dame-lune se pelotonnait à ses pieds,
Comme une fumée qui ne bouge pas,
Quand les collines d'été s'évanouissent sous la chaleur,
Jusqu'à ce que sa passion se concentre sur elle,
Et que la honte de son abandon devienne douce.

Videz la voiture de la dame-lune ,
Et elle s'envola paresseusement,
Basculée alors qu'elle la laissait au loin,
Pâle dans la mort rouge du jour,
Avec sa lèvre inférieure tournée en étoile.

Le visage du dieu était craintif ,
têtu avec le sentiment de sa puissance,
les mers reculeraient à son signe de tête
et les nuages d'orage à la voix du tonnerre s'abaisseraient,
tandis que la foudre il briserait comme une verge.

Craignant, son visage était en guerre ,
Fer avec un regard fixe de haine,
À travers la fumée épaisse et le rugissement de la bataille,
Il marcha avec un poids invincible
Jusqu'à ce que les légions se replient devant Thor.

Mais la chose blanche qui s'enroulait à ses pieds
s'élevait lentement à côté de lui comme une brume ,
Indéfinie, pâle, incomplète,
Jusqu'à ce qu'elle touche les veines de la corde sur son poignet
Et que l'amour palpite dans son cœur avec un battement.

Puis il regarda, et sous ses cheveux ,
Comme d'un brouillard poussaient ses yeux,
Et sa chair était plus ferme et plus claire
Avec la teinte des cieux douloureux,
Veuve du soleil et voilée d'air raréfié.

Elle semblait de chaque chose aimable
L'âme qui lui insufflait la grâce ,
Ses pensées étaient le chant que chantent les oiseaux,
La gloire des fleurs était son visage
Et son sourire était le sourire du printemps.

D'un bond fou, son sang
bondit de son cœur à son cerveau ,
jusqu'à ce que ses pensées et ses sens se noient
dans la douleur d'un désir semblable à une douleur,
dans un silence plus fort que le son.

Alors le dieu, courbant son visage ,
« Très beau », dit-il, « si la mort
se moquait de moi avec des crânes en cet endroit
et si l'âge et la force et le souffle épuisés,
je céderais pourtant à ta grâce ;
« Pourtant je voudrais t'encercler, mon amour,
Avec ces armes qui fument des guerres,
Même si le père a rassemblé là-haut,
Dans sa colère, chaque océan qui rugit,
Chaque rocher que poussent les cataractes,

« Pour me jeter du haut de son trône ,
même si le déluge était aussi large que le ciel.
Oui, mon amour, je suis à toi, tout à toi ,
Fort comme l'océan pour mentir,
Esclave de tes seules volontés.

Les plis de son vêtement tombèrent doux ,
alors qu'elle levait ses yeux vers les siens :
« Non, l'amour, car un homme parle souvent
avec des mots brûlants comme un baiser,
mais l'amour de l'homme peut être revêtu et être doux . »

« L'amour aurait la vie pour champ ;
l'amour aurait la mort pour but ;

Et la passion de la guerre doit céder
à la passion de l'amour dans l'âme,
Et les yeux que l'Amour embrasse sont scellés.

« Aimerais-tu si le mépris du monde
te couvrait la tête de ses ronces ;
Quand, doux comme un enfant blotti
dans son berceau, toi, enchaîné par les désirs,
restais impuissant lorsque les drapeaux étaient déployés ?

La colère du dieu éclata violemment ,
enflammée par les flammes de son sang :
« Qui se soucie des paroles qui peuvent être prononcées ?
Car les pieds de cet amour sont un déluge ,
Et son doigt le poids d'un joug.

« Je m'incline, douce, sous sa puissance ,
moi qui ne me suis abaissé devant personne ;
Je t'apporte ma force en guise de dot,
Et des actions comme le chemin du soleil ;
Je suis à toi pour un âge ou une heure.

Alors la dame-lune déroula doucement
La ceinture de bras entrelacée ,
Et l'or de ses tresses dénoué,
Jusqu'à ce qu'il tombe de sa tête à sa taille,
Et puis de sa taille jusqu'au sol.

"Amour, tu es à moi, tu es à moi",
doucement elle prononça un sort ;
« Sous l'écume est le vin,
Sous l'océan est l'enfer,
Sur l'océan les étoiles brillent.

« Bercez-le, vents du Sud,
Charmez-le, rivières qui chantez,
Les fleurs soient le baiser sur sa bouche,
Que son cœur soit le cœur du printemps,
Et sa passion la chaude sécheresse de l'été . »

Étendant rapidement les mains ,
elle fit un dôme doré de ses cheveux ;
Muet d'étonnement, il se tient debout,

jusqu'à ce que, sans bruit dans l'air,
la voiture lunaire descende vers les sables.

Il prend ses doigts dans les siens ,
dépouillé de sa force et de sa volonté ;
Son cœur courageux tremble de bonheur —
Tremble et ne s'arrête pas,
Fou du vin de son baiser.

Ils montent dans le char, et ses rayons
jaillissent sur la mer et la terre ,
et habillent d'un réseau de rêves
les montagnes où naissent les rivières,
et les lacs qu'alimentent les ruisseaux.

S'élevant rapidement, la voiture
Argente les nuages dans son vol ,
Perçant l'éther au loin
Jusqu'à un pont à perte de vue
Qui longe le chemin d'une étoile.

Une extrémité du pont reposait sur la terre ,
l'autre pendait au-dessus des profondeurs ;
Il était fait de cordes de sable gris,
Et cimenté ensemble par le sommeil,
Avec ses dessous formés comme une main.

Agréable à la vue la terre ,
Chargée de fleurs et d'arbres,
Et les herbes à gauche et à droite
Ondulées au vent comme les mers,
Quand le jour bleu est haut dans les hauteurs.

Sous les tonnelles venteuses,
des coussins de mousse étaient posés ,
et toujours, pendant les heures étouffantes,
des fontaines féeriques jouaient,
rafraîchissant la terre de leurs averses.

L'horizon était couronné de collines bleues ,
Et les bois et les prairies étaient
éclairés par la gloire qui fait vibrer

les âmes à la manière d'un pays de rêve,
Où les rossignols chantent au rythme des ruisseaux.

Les cerfs et les vaches blanches se nourrissent
Sur les rives écumées du lac ,
Et à travers de nombreux prés fleuris,
Et depuis de nombreuses forêts et prairies,
Les oiseaux d'or du paradis courent.

La douce dame de la lune se dirigea
vers un berceau sur une colline,
avec les fleurs à sa porte pleuvaient dessus,
près d'une fontaine aussi constante et immobile
que l'arc dans le nuage qui s'en est allé.

« Ô mon amour, tu es fatigué », dit-elle ,
« Qui d'autre J'étais si vaillant et fort,
Et ici je te ferai un lit,
Et ici je te chanterai une chanson
Au rythme des feuilles au-dessus.

« Et ici coulera ta grande force ,
fondue dans le doux
contact doux du malheur ineffable,
qui est le cœur de la joie rendue complète,
et le goût du plaisir que nous connaissons. »

Là où les mousses étaient entassées en tas ,
Il déposa sa forme géante,
Et elle charma tous ses sens pour qu'ils dorment,
Avec ses mains sur sa tête comme une couronne,
Jusqu'à ce que le son de sa respiration soit profond.

Avec un bruit comme le sifflement d'un serpent ,
La dame-lune baissa la tête,
Et elle aspira son souffle avec un baiser —
Un baiser subtil et effrayant,
Comme le chagrin qui se cache dans un bonheur.

Puis elle se leva et agita ses mains
En cercles sur le gazon ,
Et ses cheveux d'or tissés en mèches

Autour des membres du dieu endormi,
Avec la force de liens inflexibles.

Elle ouvrit le grand poing fermé ,
Et doucement la dame se retira,
Était-ce seulement un serpent qui sifflait ?
Car son visage est transparent comme la rosée ,
Et ses vêtements sont fins comme la brume.

Envoûté sur le sol du pays des rêves ,
Enchaîné avec les cheveux d'or,
Faible comme un bébé gisait Thor,
Tandis que la fontaine jouait doucement dans l'air,
Et les rossignols chantaient toujours.

Comme un enfant recroquevillé dans son berceau ,
Il était enchaîné avec sa chaîne de désirs,
Même s'ils avaient besoin de son bras dans le monde,
Car la bataille faisait rage, et ses feux
Et les drapeaux des dieux étaient déployés.

Alors Odin, le père du ciel ,
convoqua un conseil des dieux dans les hauteurs,
A chacun fut donné un nuage blanc
Au pied de son trône dans le ciel,
Et les marches de son trône étaient au nombre de sept.

"Les enfants", s'écria le père ,
"Perdu est le grand dieu Thor,
Perdu est l'épée à son côté,
Perdu est son bras dans la guerre,
Et la fureur que toutes choses ont défiée.

« Au cœur d'un écrin de rêve , il
dort sous le charme,
car il a cédé ses forces pendant une heure,
et sous les mailles de l'enfer,
il est enchaîné par une puissance invincible.

« Personne ne peut délier les mailles ;
La force doit revenir à sa volonté,
Et lui-même doit libérer son esprit

des rêves qu'il rêve encore,
Dans les tresses enlacées de la dame-lune.

« Au-delà des montagnes, la route ,
Lugubre et morne pour revenir,
Il doit y faire face avec son chargement,
Même si les freins inférieurs crépitent et brûlent,
Même si les morsures de serpent cloquent et aiguillonnent.

« Pas une simple ombre n'est un péché ,
accrochée comme le vin à la lèvre,
pour être essuyée de la bouche et du menton
après que l'homme en a bu une gorgée ;
Mais un poison se cache à l'intérieur.

« Les forces qui retiennent la mer ,
qui saisissent la terre par le bas,
ne sont pas plus anciennes que celles qui décrétent
le mariage du péché jusqu'à la mort
chez le pécheur, quel qu'il soit.

"Lequel d'entre nous ira
jusqu'au pays souillé par la mort ,
bravant les dangers, et
atteignant ainsi le cœur et la main
et la forme du dieu couché ?"

« Sire, » répondit le beau Balder ,
« Le voyage a été difficile et long,
De nombreux dangers sont là,
Mais mon cœur et mes bras sont forts,
Et mon âme est aussi pure que l'air.

« J'irai, car nous avons besoin de lui à la guerre ,
et sans lui nous luttons et mourrons ;
Je revêtirai l' armure qu'il portait,
et je ceindrai son épée jusqu'à ma cuisse ;
Je vais m'asseoir et dire : « Je suis Thor ».

« Peut-être que lorsqu'il ouvrira les yeux ,
Dépouillé de sa propre armure ,
Frappé de rage et de surprise,

Brûlant de colère et de haine,
Il jaillira du lit où il repose.

« Rapide comme le baiser du feu ,
la connaissance jaillira dans son cerveau,
et la pensée de son moi passé inspirera à nouveau
de la valeur à son esprit ,
jusqu'à ce qu'il brise les liens du désir. »

Ainsi Balder, le plus beau de tous ,
et le plus pur des dieux près du trône,
sortit seul de la salle céleste
dans les ténèbres,
pour libérer le dieu de son emprise.

Noir était le destrier qu'il montait ,
ailé, et ses globes oculaires de feu ; Il
marchait de montagne en montagne ,
rejetant les vallées comme de la boue,
jusqu'à ce qu'il saute dans les airs avec son chargement.

Puis rapide, avec son cou recourbé ,
À moitié caché dans la fumée de son souffle,
Il bondit vers le haut et lança
des volées et des éclats de mort
Du feu de ses sabots sur le monde.

La dame de la lune se pencha de sa voiture
et contempla la course féroce du dieu ,
car, comme avec la naissance d'une étoile,
une trace de feu aussi droite qu'une tige
brûlait au loin dans les cieux.

Puis elle trembla et devint malade de peur ,
jusqu'à ce que son visage devienne aussi blanc que la brume
Quand à l'aube les étoiles disparaissent,
Et son corps s'enroula et se détendit
Comme les plis d'un serpent pris dans un barrage.

Son cœur était un feu qui s'était éteint ,
Ses lèvres ne pouvaient émettre un charme,
Et elle se recroquevillait loin de sa vue pendant qu'il s'en allait,

Tandis que Balder passait sans dommage,
« Sous le bouclier d'une pure intention.

Il est venu au berceau de la dame-lune ,
et a ceint l'épée à sa cuisse,
et a revêtu la ceinture de pouvoir,
libéré du dieu couché là,
et n'a pas attendu un jour ni une heure ;

Car, surpris, le dormeur se réveilla, le
visage noir , comme une tempête dans les cieux ;
Mais Balder se redressa et ne parla pas,
jusqu'à ce que les flammes sortent des yeux de Thor,
et qu'il rompe le silence passionné.

"Qui est-ce, quand le rêve est terminé ,
Se moque de moi avec un casque pareil au mien,
Détachant l' armure que je portais,
Des doux filets de soie qui s'entrelacent ?" »
dit Balder : « Voici ! Je suis Thor.

« Je suis celui qu'on appelait « Thunderer » ,
et ma renommée est aussi vaste que le monde ;
Sous ma colère, les rochers ont été effrayés,
Et les vagues de la mer se sont relevées,
Mais maintenant je suis faible et captivé.

« La bataille est féroce sur la terre ,
 tandis que je reste assis ici, inactif et immobile ;
Les espoirs de ma naissance sont insatisfaits,
Car la force de l'esprit est la volonté,
Et la volonté est plus puissante que la circonférence.

« Les ennemis des dieux deviennent audacieux ,
et ils se moquent des armées du ciel ;
Lors de leurs banquets, on raconte l'histoire :
« Le cœur d'une femme faible a été donné
à Thor, le vengeur des temps anciens.

« Et les femmes, assises près du lit de camp ,
chantent : « Dors, car le dieu ne peut pas venir ;
Dors, le vengeur ne l'est pas ;

Chut, que ses louanges soient muettes ;
Chut, que son nom soit oublié. »

Alors le dieu, frappé de douleur ,
honteux et piqué au cœur,
connaissant à nouveau la voix d'un dieu,
déchirant ses chaînes,
sauta de la chaîne de la dame-lune.

Instantanément disparus dans la nuit
Fontaines, prairies et ruisseaux,
Jamais une lueur de lumière
n'éclaira le palais des rêves,
Tandis que le dieu progressait, sans vue,

De retour au rivage céleste ,
par-dessus les montagnes et les ravins sauvages,
les marécages et les mers qui rugissent,
jusqu'à ce que les portes du ciel soient vues
et il se tenait à nouveau au Valhalla.

LA QUERELLE.

« J'ENTENDS un cri de la grotte du Sansard ,
ô mère, personne n'écoutera-t-il ?
Un cri des perdus, personne ne sauvera-t-il ?
Un cri des morts, malgré le délire des océans ,
Et le cri d'une mouette alors qu'il roule au-dessus d'une tombe,
Tandis que les ombres s'assombrissent et s'assombrissent.

« Oh, tais-toi, mon enfant, car la nuit est humide,
et les grottes de nuages se fendent,
avec des éclairs dans une frette déchiquetée,
comme la lueur d'un saumon dans le filet,
quand les rochers sont riches dans le coucher de soleil rouge,
et le ruisseau roule dans le tonnerre.

"Mère, ô mère, une douleur dans mon cœur ,
une douleur comme celle de mourir."
"Oh, tais-toi, mon enfant, car les oiseaux sauvages s'élancent
de haut en bas, se rapprochent et se séparent ,
tournant là où commencent les falaises noires,
et l'écume à leurs pieds vole."

"Ô mère, un conflit comme celui des nuages noirs ,
et une paix qui vient après."
"Chut, mon enfant, car la paix est la fin de la vie ,
et le cœur d'une jeune fille trouve la paix en tant qu'épouse,
mais le ciel, les falaises et l'océan sont remplis
de rires de tempête et de tonnerre."

« Entrez, mes fils, entrez et reposez-vous ,
Car les ombres s'assombrissent et s'assombrissent,
Et votre sœur est pâle comme la poitrine du cygne blanc,
Et ses yeux sont fixes et ses lèvres sont pressées
Dans la mort d'un nom que vous auriez pu deviner. ,
Si vous aviez été tous les deux ici pour écouter.

« Chut, mère, un cadavre gît sur le sable,
Et les embruns l'entourent,
Il repose sur son visage, et une main blanche
pointe à travers la brume sur la ceinture de rivage
Vers l'endroit où se dressent les falaises de Sansard ,
Et l'océan. la force est déchirée.

« Est-ce Dieu, mes fils, qui l'a déposé là ?
Ou la mer qui l'a laissé dormir ?
« Non, mère, nos dagues où son cœur était nu ,
aussi rapides que la pluie à travers les dents de l'air ;
Et les doigts d'écume jouent dans les cheveux du Saxon,
Pendant que les marées rampent autour de lui.

"Oh, malédictions sur ta main et ta tête ,
Comme les pluies dans ce temps sauvage,
La culpabilité du sang est rapide et effrayante,
Le visage de ta sœur est froid et mort,
Vous ne pouvez pas séparer celui que Dieu voudrait épouser
Et que l'amour a tissé."

La frénésie de Prométhée.

L' océan bat ses harmonies de midi
Sur les lignes ensoleillées des côtes escarpées,
Et un rythme sauvage palpite dans mon cerveau
Avec des pauses et des mélodies réactives ;
Et le ciel et l'océan, l'air, le jour et la nuit
Basculent et chancellent sur mon sang brûlant,
Courent d'avant en arrière, tourbillonnent en rond et en rond,
Jusqu'à ce que, voilà ! la folie cosmique respire une
musique parfaite à travers l'univers.
Je l'entends avec mes oreilles, mes yeux, mes mains et mes pieds,
je le bois avec mon souffle, ma peau aspire
À chaque pore enfiévré de fins fils sonores,
Qui plongent au plus profond de mon âme les vibrations de la harpe
balayée par le vent
De la terre et du ciel. ,
Jusqu'à ce que chaque sens s'enflamme d'une vie rafraîchie,
et que des pensées surgissent qui me soulagent de la douleur.

Ô paix, douce paix ! Je fond et je reflue ,
Sur les rochers ramollis s'étendent mes membres détendus ,
Les yeux mi-clos délicieusement captivés.
Quelle passion, quelle joie, quelles extases !
La joie remplit mes veines de fleuves d'excès ;
Je délire, je frémis, comme avec des yeux langoureux
je vois l'air chaud danser sur les rochers,
Et le ciel, la mer, les promontoires se fondent dans une brume murmurante
.

Maintenant plus grandiose, avec la basse de l'orgue qui roule
Le monde souterrain dans les ténèbres à travers le désespoir
De toute aube du jour sur ses cieux d'encre,
La musique roule autour de moi et au-dessus
Des falaises brisées, des bouches des cavernes en plein essor,
Transpercée par la flèche- cris de mouettes effrayées.
Maintenant la force, atténuée, mais croissante ,
réanime mes membres ; Je ressens ma puissance
aussi grande que l'océan qui déborde, ou la force
qui écrase les glaciers sur leurs pieds rocheux.
Mes mains pourraient arracher les montagnes par les racines ,
Mon bras pourrait rejeter l'océan depuis le rivage
Pour se vautrer dans son lit mousseux. Quelle haine ! quel mépris

Quelles imaginations sans limites s'étendent
Et font éclater mon esprit immense ; Je me tiens à l'écart,
je suis seul, tout glorieux, suprême ;
Ma forme immense, comme une ombre, repose et couve
Sur le globe, gigantesque, comme l'ombre
des lunes éclipsantes. La tête baissée sur la main
Dans une obscurité excessive, voici maintenant que je vois
Sous mes pieds le flot de la vie humaine ,
Le triste cortège de l'humanité.

Ils viennent, les fils de la Hellas, beaux ,
vifs d'esprit, souples, aux lèvres pulpeuses et rieuses,
qui sucent les délices de chaque arbre de vie ;
Né du soleil, des vents et du bruit de la mer.
Ils passent, et voici, une nation plus puissante se déplace
Dans des bataillons sévères piétinant les forêts,
Fendant les montagnes, pavant des terres désertiques
Avec des os qui , même en blanchissant, font face à l'ennemi,
Soudant les nations molles de la périphérie en fer,
Une main de fer à saisir et à saisir. tenir le monde.

Maintenant la poussière, comme la fumée, des steppes centrales de l'Asie ,
Assombrit le blanc rigide des sommets des montagnes,
Et les plaines se hérissent des hordes tartares,
Allaitées de juments, au visage plat, implacable,
Mortelles à la guerre, vengeresses, perfides,
Brunes comme les falaises. vallées du Caucase.
Ils passent, et les nations passent, et comme dans un rêve
Un trône émerge de la mer occidentale ,
Le dernier empire d'un monde mourant.
Alors que je regarde, sa splendeur fond
et autour de moi, prenant du volume, la musique roule,
jusqu'à ce que les tendons craquent et que les yeux soient aveuglés par le
pouvoir,
jusqu'à ce que les luttes, les batailles mêlées de fumée et de sang,
les hommes, les nations, la vie et la mort, et des cris désolés,
Fondent dans les pulsations intérieures de mes oreilles
Et une violente tempête souffle la lumière du jour.

Et maintenant je suis seul sous les étoiles ,
Seul, dans un silence infini. Suis-je Dieu ,
que je suis si suprême ? D'où vient ce pouvoir ?
Ma volonté ne peut-elle pas repeupler ces terres désolées ?

Je crie à haute voix, la voûte de l'espace résonne ,
Et les échos creux, des étoiles
Rebondissantes, secouent la terre et froissent
La mer en millions de sillons. Voici, les étoiles
Maintenant s'éteignent, le soleil se lève, c'est le jour ,
Mi-jour, mi-nuit ; le soleil a perdu sa force,
je suis son égal, je suis même son roi !
Je m'élève et je me déplace sur la terre, les mers
ont disparu, et je foule leurs lits vides ,
et j'écrase des continents d'os réduits en poudre.

Ô grande lumière, défunte suprême, pourquoi as-tu besoin de toi ?
Car tous sont morts, les hommes, les nations, la vie et la mort ,
Et Dieu est mort et ici seul je suis —
Moi, avec des mains fortes pour t'arracher de ta course,
Sans limites en passions, volonté, omnipotente.
Les élans se concentrent dans mon cœur
Qui autrefois ébranlaient l'univers. Ô Soleil ,
reconnais maintenant ton roi, pose ta tête
sous mes pieds, et élève-moi encore plus haut
vers des régions qui dépassent les sphères d'adoration,
et baigne-toi dans une pensée primitive, trop vaste pour être façonnée
en similitude avec les choses terrestres.

J'aurais tout, je saurais tout. J'ai soif, j'halete
et j'ai faim de l'univers. Maintenant de la terre ,
Sous tes rayons, ô Soleil, les vapeurs s'élèvent,
Enveloppant la face morte du monde d'un film de nuages,
Les voix des morts. Paix, laisse-moi tranquille.
Continue ton chemin, pouvoir épuisé, laisse-moi ici
Pour régner en silence, délirer, mépriser et haïr ,
Pour me glorifier de ma force, démolir les cieux,
Piétiner les montagnes en ruine sous mes pieds,
Rire des étoiles picotantes, brûler de désir
Invincible , jusqu'à ce que l'univers
soit brisé en son centre, ses éclats projetés
par force centrifuge au-delà de la lumière,
jusqu'à ce que les étoiles épuisées sortent de leurs orbites,
et, sifflant sur les pentes enflammées de l'espace,
avec une voix de feu, proclame-moi Dieu seul.

NATURA VICTRIX.

SUR le rocher, j'étais assis avec émerveillement ,
les étoiles au-dessus de moi, les forêts en dessous ;
A travers les vallées allaient et venaient
des forces de tempête jamais épuisées,
Et la gorge envoyait le tonnerre
Du ruisseau qui y pénétrait.

Autour de moi, avec une allure majestueuse,
se tenaient les montagnes géantes, portant
des casques de neiges éternelles, fendues par
les affres
du travail de la nature – des visages de monstres regardant muets
vers le haut dans le repos de Dieu.

A mes pieds dans la désolation
Balançaient les pins, une nation obscure ,
Autour du lac boisé profond et effrayant,
Autour de la rivière alimentée par les glaciers,
Où une ondulation fantomatique
Secoue son lit souterrain.

Et j'ai crié : « Ô déserts !
Des montagnes ! que caresse le vent,
Dans un amour sauvage sublime,
A travers les limites de l'espace et du temps,
Toutes tes humeurs et tes profondes détresses
Roulent autour de moi comme un carillon.

« Voici, j'entends le chœur puissant
Des éléments qui nous ont emportés
Au cours du cours de la nature ,
En avant dans un rêve hanté
Vers les ténèbres, où devant nous
le Temps et la mort semblent oubliés.

«Maintenant, voici les liens de foudre
autour du cou du dieu de la tempête qui se resserrent ,
le rendent fou de rage et de honte
jusqu'à ce qu'il frappe la terre de flammes,
dans l'assombrissement et l'éclaircissement
des nuages sur lesquels il est venu.

"Nature! à la volonté de qui sont poussés
les marées de l'océan, les vents du ciel,
toi qui gouvernes les forces proches et lointaines
aux prises avec le soleil et les étoiles,
la connaissance t'est-elle donnée
d'où elles viennent et ce qu'elles sont ?

« Ton calme est-il le calme de savoir
d'où vient la force, où va ?
N'est-ce que le désespoir vide
Des naufragés, qui ne se soucie pas
du vent qui souffle en mer
Pour la mort qui l'y attend ?

"Mère Nature, agresseur sévère,
De ton enfant le possesseur de l'esprit,
Tu es en nous comme un flot,
jaillissant de notre pensée et de notre sang -
Force évoluant du grand du moindre,
Comme la fleur du bourgeon.

« Oui, j'aime tes
temps et tes saisons fixes et durables, la vie procurant
ton cœur abyssal ;
Et mon esprit démissionnerait
Tous ses rêves et espoirs séduisants
Avec ton esprit pour se combiner.

« Puisse-je, au milieu de la splendeur
des coups de tonnerre, pouvoir rendre
le lugubre châtiment de la naissance ,
fusionnant les nuages d'âme dans la circonférence
de tes seins rocheux, ou le tendre
vert de la terre éternelle.

« Peut-être, quand le scud volait
et que la lumière du jour s'éteignait
à travers la pluie et la fumée sur la mer ,
inconsidéré, indolore, un avec toi,
moi, dans un parfait esclavage couché,
devrais ainsi être pour toujours libre.

« Esprits puissants, qui avez lutté
sur les échelles de la vie jusqu'au ciel ,
ou vous, ceux qui sont tombés
sur les pentes de pavot de l'enfer,
lorsque l'âme était conduite ou conduite,
ne saviez-vous pas qui avait opéré le sort ?

« N'a-t-il pas compris chacun son frère
Des traits de notre mère
Marqués sur chaque visage humain ?
La terre, demeure de l'homme , ne
vous a-t-elle pas attiré vers elle comme aucune autre,
avec un lien plus fort que la grâce ?

« La tempête déchire les forêts ,
les étoiles placides accompagnent la nuit,
les montagnes, les nuages d'orage, la terre et la mer,
la nature ! — fais-moi un avec toi ;
De mon âme ses pignons se déchirent,
Enchaîne-moi à ta liberté.

« Écoutez ! le pied de la mort approche,
Et mon esprit souffre de peur,
Écoute-moi, mère, entends mon cri,
Fusionne-moi dans l'harmonie
De ta voix que les étoiles entendent
émerveillées dans le ciel.

« Mère, aucun chagrin ne t'ébranlera-t-il ?
Le silence sans cœur te prouve-t-il ?
Toi qui des rochers et de la pluie
as fou cette âme, reprends
ce que tes doigts ont travaillé pour t'aimer
à travers la fournaise de sa douleur.

« Rochers géants, roulez à côté de moi,
Fougères enchevêtrées, prosternez-vous et cachez-moi,
Cachez-moi de la face de la mort ;
Ou, grande Nature, dans ton souffle,
envoie quelques paroles puissantes pour me guider,
jusqu'à ce que le démon disparaisse .

Puis, aussi douce qu'un jeu d'orgue ,
une voix vint, apaisant mes peurs,
Des montagnes et de la mer :
« Voudrais-tu, âme, ne faire qu'un avec moi,
Dans ta puissance le tueur qui tue ?
Ne luttez pas avec ce qui doit être.

Cœur et esprit en dévotion ,
Vibrants d'émotion divine,
S'inclinèrent devant ce son puissant,
Et au milieu de l'obscurité alentour
Abreuvèrent la force de la terre et de l'océan
Dans un sacrement profond.

Puis j'ai brisé mes liens,
Et ma voix s'est élevée dans le tonnerre
Avec un souffle plein et puissant,
Forte pour ce que dit la grande nature ,
Et j'ai ordonné aux étoiles avec émerveillement
de me voir tuer le tueur : la mort.

L'ABBÉ.

UNE lune décroissante était dans le ciel
Et de nombreux nuages immobiles flottaient ,
Avec un contour sombre, l'abbaye se tenait
devant une ligne de bois.

La tête baissée sur la pierre de la chapelle,
l'abbé resta agenouillé seul pendant des heures,
tandis qu'autour de lui des rayons de lune colorés jetaient
des roses de la teinte la plus riche.

Une petite lampe d'autel brûlait faiblement ,
Et éclairait les séraphins sculptés
Qui bordaient le chœur aux faces courbées
Devant le Sacrement.

L'endroit était calme comme dans un rêve ,
si calme que l'oreille semblait
capter la voix des années passées,
et l'harmonie morte depuis longtemps.

L'horloge de l'abbaye au-dessus sonna trois heures,
l'abbé se releva de son genou,
son visage était plus gris que la pierre,
ses yeux étaient tristes .

Il entra dans le cloître dans l'obscurité ,
L'air de la nuit ne lui apportait aucun baume,
Quelle angoisse faisait chanceler ses sens,
Le Christ ne pouvait pas guérir ?

Il entra par une grille de fer .
Les salles à l'intérieur étaient désolées ;
Comme quelqu'un qui se réveille d'un sort,
il s'est arrêté dans une cellule.

Là, sur un lit de palettes ,
Avec des barres de clair de lune sur la tête,
Tandis que les vents rampent à travers les meneaux de lierre,
Un garçon blond dormait.

Dehors, un hibou hululait et appelait
Et noyait le léger pas de l'Abbé ,
Mais le bruissement de ces vêtements était présent
Dans les rêves, le garçon entendait.

« Chut, mon garçon, c'est moi, » dit l'abbé ,
« ton âme pure aux morts sauvés
portera mon message ; la vie est passée,
les mailles de l'enfer me retiennent fermement.

« Ton sommeil était-il doux ? mon sommeil est terminé,
On te parle, qui ne
verra plus jamais l'homme (Dieu nous envoie la grâce),
ni ne verra jamais la face de Dieu.

Le garçon, effrayé, se redressa
dans une terreur muette , tandis que
le clair de lune frappait le visage et les yeux ,
ce qui agissait convulsivement.

« Un fardeau, mon garçon, un poids d'années ,
Plein jusqu'au bord de larmes désespérées,
M'a écrasé, portant autour de mon cerveau
La double marque de Caïn.

« Ta vie et tes espoirs sont tous antérieurs ,
et les miens sont passés pour toujours ;
Mon secret dans les années à venir.
Souviens-toi, mais sois bête.

"Ô Dieu, mon cœur bat fort à l'intérieur ,
j'ai tué mon frère dans un péché mortel,
je l'ai poignardé deux fois, sans le savoir, pour libérer
la chasteté d'une jeune fille."

L'abbé se tenait droit et grand ,
son ombre tombait le long du mur, —
Dieu le sauve, comme s'il cherchait grâce,
il cacha son visage encapuchonné .

« Un serpent noir glissait sur mes pieds ,
Au-dessus des branches nues s'écartaient et se rencontraient,

Il y avait un mouvement dans l'air Et
les yeux regardaient partout.

« L'acte a été accompli dans des pays lointains ,
Mais son sang a touché ces mêmes mains,
Et sous les arbres où brillent les étoiles pâles,
Ses yeux ont regardé les miens.

« Un regard de ses yeux morts ,
et l'amour revint sur lui ; était-ce
Le point culminant de sa vie qui semblait
Le roi dont mon enfance rêvait ?

"Le péché et l'amour ne dureront-ils pas ?
L'amour pur et fondé sur le passé ,
l'amour de l'homme pour l'homme, adapté aux anges,
un seul acte pourrait-il le briser ?"

Le garçon se tenait debout, pâle comme la mort ,
Un engourdissement lui coupait le souffle,
La fascination de l'œil,
Qui bougeait convulsivement.

«Je me suis enfui au lever du soleil dans la baie,
là où se trouvait une île mystique ,
étourdi par l'arche sans nuages du ciel
et la monotonie des vagues.

« Et ici se trouvait un couvent ouvert ,
où les moines cherchaient la paix dans la solitude ;
Je suis entré avec les autres pour me cacher
au sein du Crucifié.

« J'ai raconté mon malheur à quelqu'un ; il dit :
« Sous tes pieds et au-dessus de toi ,
et tout autour est Dieu. Ce soir ,
veillez, priez pour la lumière.

« Cette nuit-là dans la grotte-sanctuaire, trois visions que
Dieu et la Vierge m'envoyèrent ;
Quatre anges clôturaient l'entrée de la caverne
Avec leurs ailes verrouillées, au nord et au sud.

« Trois fois l'obscurité est tombée, et trois fois je me suis couché
bas au-dessus d'une mer, aucun jour
n'éclairait ses vagues sans rivage, aucune nuit
ne s'éloignait de la vue.

«Aucun poisson n'a bondi, aucun Dieu n'a regardé en bas ,
aucun bruit n'était entendu, j'ai essayé de me noyer, -
Avant que les vagues aient été touchées, un vent s'est levé
et m'a emporté sur son aile.

« Mon sang restait immobile et épais comme la glace ,
Et la pensée tenait la pensée, comme dans un étau,
Les âges sont morts, aucune mort n'a béni
La mort du néant.

« Chaque fois l'âme subissait
La torture d'un malheur séparé ,
Les crocs du démon insatiables,
De doute, de désespoir et de haine.

« Je me suis réveillé et j'ai raconté mes rêves au moine ;
Sa voix était triste, dit-il : « Il me semble
qu'aucune personne tuée dans le sang de son âme
n'aura une part à Holy Rood.

« Mais frère, » dit le vieil homme ,
« Dieu œuvre selon de nombreux plans divers,
et une fois l'agonie indirecte
a sauvé des âmes au Calvaire.

« ' Je ne sais pas mais, avec Dieu au ciel,
quelque grâce peut être accordée aux âmes perdues ;
Par les jeûnes et les flagellations , les prières et les douleurs,
détache les chaînes de ton frère.

« Oui, mon garçon, n'ai-je pas prié le ciel ?
La vie n'a-t-elle pas été gâchée par le levain amer,
Et par les jeûnes et les flagellations , nuit et jour ,
La culpabilité du sang n'a-t-elle pas été consumée ?

« Mais toujours de la gorge de l'enfer
retentit une cloche effrayante qui passe

D'un homme, une fois tué dans le sang de son âme ,
chassé de Holy Rood.

« Les passions de l'homme adulte
se concentrent là où sa vie a commencé ;
L'amour du garçon n'est pas multiple,
il s'accroche d'une seule main.

« L'amour de l'enfance fait partie de nous ,
aucun pouvoir ne peut l'arracher, et ainsi
l'amour m'a enchaîné à lui dans l'obscurité,
et j'avais provoqué sa perte.

« Cette chose était avec moi jour après jour ,
et toutes mes pensées étaient sous-jacentes ;
Et même pendant les heures où j'oubliais,
j'avais mal comme un chancre.

« Ma nourriture était des cendres dans ma bouche ,
mon âme elle-même était brûlée par la sécheresse ,
j'ai banni la pensée, la lutte vaine,
j'ai ramené la pensée à nouveau.

« Les saints et les anges se tenaient à l'écart ,
Mes prières retombaient du toit de la chapelle,
Ils n'avaient aucune légèreté pour monter
Là où la terre et le ciel se confondent.

« Les étoiles se moquaient de moi avec leur paix ,
Les saisons ne m'apportaient aucune libération,
Le désespoir et l'angoisse comme une mer
Et la douleur était sous moi.

"Et année après année, j'ai donné plus de souffrances ,
jusqu'à ce que la vie devienne une tombe vivante,
jusqu'à ce que, comme celui qui est perdu derrière la porte de l'enfer,
mon âme soit désolée."

Dehors, une chouette hululait et criait .
Mais dans l'abbaye, tout était silencieux ;
La voix de l'abbé avait un son creux,
comme si elle venait de sous terre.

"Chut, mon garçon, le démon est venu hier soir ."
L'abbé sourit - spectacle horrible ,
ce visage souriant au clair de lune pâle,
avec des yeux si tristes -

"Le démon est venu hier pour demander
l'acte le plus grand que la vie puisse accomplir ,
une âme par la mort elle-même donnée pour gagner
l'âme d'un autre du péché."

L'histoire était si effrayante que
le garçon claquait des dents comme de froid,
il ne voyait aucune forme de feuille sur le sol,
il n'entendait aucune cloche sonner quatre heures.

« Ce soir, la tête sur la pierre de la chapelle ,
j'ai prié Celui qui a expié,
jusqu'à ce que la sueur de sang coule, comme
elle coulait sur son visage dans le jardin.

« C'est fait , le combat terrestre est terminé ,
mon âme est sombre pour toujours,
je suis celle du démon, écoute ! entendez -le appeler -
Il tient une âme en esclavage.

« Je ne sais pas si le souffle de l'esprit rencontre
l'esprit sur le chemin de la mort,
ou s'il tombe comme un fil fin et blanc
parmi les morts sous les pieds.

« Je ne sais pas si, en passant,
un instant rapide, lui et moi,
son visage tourné vers la couronne à venir,
le mien angoissé, penché,
« nous saurons alors tout ; mais mon garçon, quand près de
tes pieds s'approchent d'un étage à l'autre,
les ménestrels de Dieu font face à la Trinité,
dans cet endroit fait pour moi,

«Mais ce n'est plus le mien, cherche là
Celui avec tes yeux et tes cheveux d'or ,
Aussi doré que soit son vêtement brodé,
Et dis dont l'âme a gagné la sienne.

« Peut-être, même si aucun chagrin ne s'atténue ,
les larmes monteront jusqu'au bord de ses yeux,
et je vivrai, sa plus douce pensée,
pour ce que mon amour a fait.

« Encore une fois le démon appelle, je viens.
Vois, pur garçon, que tes lèvres soient muettes ,
Une dernière expiation élève ce soir
Une âme perdue dans la lumière.

Il embrassa le garçon sur le front :
"Oui, tu lui ressembles beaucoup,
Quand nous étions assis purs sur les genoux de notre mère,
Adieu, éternellement."

L'Abbé passa dans l'obscurité ,
Le clair de lune inonda toute la pièce,
Le garçon resta assis immobile d'heure en heure,
Enchaîné par une puissance surnaturelle.

Mais voici, quand, au matin ,
Les cloches sonnèrent l'heure de la prime,
De l'allée du cloître et de l'escalier de la chapelle
Un cri sauvage déchira l'air.

Pas encore tout à fait froid, mort dans son sang ,
le visage détourné du jubé,
l'abbé gisait sur la pierre de la chapelle,
les yeux toujours tristes .

Aucune cloche n'a été sonnée, aucune messe n'a été dite .
On a enterré les morts
déshonorés Dans le chemin qui traversait le bois,
Dans l'obscurité et la solitude.

Ils marquèrent l'endroit sans jamais une pierre ,
les ombres des arbres tombèrent sur lui seul,
et la mousse, les vignes et l'herbe des bois minces
poussèrent là où aucun pied ne pouvait passer.

Néanmoins , il sembla à un beau garçon ,
que les oiseaux chantaient avec plus de joie,

et que les anges balançaient de l'encens en bois,
comme autour de la tombe d'un saint.

La petite lampe d'autel brûlait faiblement ,
et éclairait les séraphins sculptés,
et les tombeaux où se trouvaient les moines en vêtements étaient
rassemblés d'année en année.

Mais lorsqu'un vieux moine vint mourir ,
il parla ainsi à ceux qui étaient là :
« C'est dans cet endroit que soit placée ma tombe,
marquée par la violette des bois.

« Aucun homme ne peut juger le péché d'autrui,
Dieu ne voit que l'extérieur et l'intérieur.
C'est pourquoi, mes frères, soyez gentils,
telle était la pensée de notre Maître.

« Car beaucoup sont couronnés saints par Dieu
dont les tombeaux ont foulé les pieds sans y prêter attention ;
L'homme juge par la vie extérieure,
Dieu par les conflits intérieurs.

"Là-bas, les racines des arbres de la forêt rampent
autour du sommeil oublié d'un cœur triste ,
un cœur qui s'est brisé en donnant tout
pour sauver une âme de l'esclavage."

DON.

UN POÈME.

ARGUMENT.

Dion, de Syracuse (408-353 av. J.-C.), philosophe, était un proche parent, par l'intermédiaire de son épouse Arete , du tyran Denys II, par qui il fut banni. Il s'installa à Athènes, mais après avoir appris que le tyran s'était emparé de son fils et avait donné Arété en mariage à un autre, avec une petite et fidèle force, il retourna à Syracuse, s'empara de l'endroit et conduisit Denys à Ortygie, une forteresse au sein de la Grèce. les murs de la ville. Dès que leur oppression fut soulagée, les Syracusains méfiants commencèrent à craindre le pouvoir de Dion, bien qu'il ait noblement refusé de faire des concessions à Denys, poussé par les appels passionnés d' Arété et de son fils, retenus captifs à Ortygie. Ayant entendu parler d'un complot formé contre lui parmi les citoyens, par Héraclide , sans se venger de l'ingrate ville, Dion se retira à Léontini , mais seulement pour être rapidement rappelé pour sauver une seconde fois le peuple des ravages de Denys, qui avait chargé sur la ville dès que Dion se fut retiré. De nouveau, Dion retourna à Syracuse et réussit cette fois à chasser le tyran de sa forteresse et à rétablir la paix. Avec une magnanimité égale à sa valeur, il pardonna à Héraclide et à ses confrères. En pénétrant dans la forteresse déserte à la tête de ses troupes, Dion, après des années de séparation, retrouve sa femme Arété . Dion succéda naturellement au trône du monarque déchu, mais ses réformes et la sévérité de ses manières et de son règne le rendirent impopulaire auprès de ses concitoyens inconstants, et des complots furent formés pour son assassinat. Il a dédaigné de prendre des précautions contre les attaques et est ainsi devenu victime de sa bravoure . Il était entouré, le jour de la fête de la Koreia , dans son appartement du palais, par une bande de jeunes gens d'une force musculaire distinguée, qui cherchaient à le jeter et à l'étrangler. Mais le vieux guerrier se révélant trop fort pour eux, ils furent obligés d'envoyer l'un des leurs par une porte dérobée pour se procurer une épée. Avec cela, Dion, un homme à bien des égards trop grand pour son âge et sa situation, fut éliminé .

PRIEZ , jeunes gens, quelle affaire urgente réclame notre oreille
lors de cette grande fête où tous célèbrent la fête ?
Déjà les barges aux ponts gais
traversent le port jusqu'au bosquet sacré ,
Et les cris et la musique nous parviennent même ici,
Où à travers les balustrades la mer dansante
Marbre cette chambre de lumières réfléchies.

Quoi! Est-ce une trahison ? Vous êtes venus pour tuer ,
j'ai bien lu votre objectif. Les gardes du palais
ont été sécurisés et toute retraite coupée .
Et je suis à votre merci. C'est bien.
J'ai si souvent rencontré la mort face à face .
Ses yeux portent désormais l'accueil de ceux d'un ami.
Est-ce par haine de Dion, ou pour de l'or ,
Vous venez souiller votre honneur de mon sang ?
Et pensez-vous que je vais m'agenouiller et vous flatter ,
et implorer grâce avec les cris d'une femme ?
Bien que moi, comme un vieux lion dans sa tanière ,
c'est le destin et les stratagèmes, et non vous, qui me suis traqué jusqu'à la
mort.
Le lion est vieux, mais toutes ses dents sont saines.
Quoi! Vous me saisiriez ? Là, je te secoue.
Vous n'avez pas jugé ces bras flétris si forts
que vous cinq petits puissiez ainsi être tenus à distance ,
malgré vos griffes, votre fureur et vos aboiements féroces.
Mais je suis Dion, Dion, l'ami de Platon,
Et j'ai affronté la pluie de sang humain,
L'éclair des coups d'épée sur mon casque,
Le tonnerre de la cavalerie précipitée,
Quand vous allaitiez des bébés au sein.
Et pensez-vous que je suis quelqu'un que vous pouvez tuer
En étranglant, comme un paria tue son enfant ,
En pinçant la vie de sa petite gorge ?
Ce ne sera pas ma mort, car je suis royal ,
et je dois mourir royalement. Va chercher une épée
Et je l'épouserai noblement comme un roi.

Je t'ai apporté la virilité avec mon bras conquérant ,
j'ai offert à Syracuse un chemin vers la gloire.
J'aurais pu faire régner notre ville en tant que reine,
Avec sa domination fondée sur la mer,
Cimentée par de sages bandes de lois égales,
Une constitution forgée par des esprits sobres,
S'étendant avec sa croissance, mais vous ne l'avez pas voulu,
Mais vous avez miaulé et bavardé, pleuré et boudé encore,
Comme des enfants qui se disputent pour une pièce de monnaie
Et pourtant, on ne connaît pas sa valeur. Je suis un roi.
Au-delà de cet honneur , si c'est un honneur , de
trôner au-dessus d'un si vil troupeau, —
d'être mon propre roi. Mes pensées correspondent

à celles des dieux, je n'ai aucun parent avec vous.
Va publier mes dernières paroles quand je serai mort ,
Et piquer avec elles le cœur de la ville. Dis : « Ainsi,
ô hommes de Syracuse, ainsi parla Dion ,
tombant sur le seuil de sa mort,
le visage tourné en arrière, les yeux fixes et les joues non blanchies ,
un dernier instant, devant la foule braillante,
avant de passer dans l'obscurité. rencontrer ses pairs,
les dieux et les héros du monde inférieur.
Oui, dites à la populace insensée : « Dion envoie
son amour et son devoir, comme un guerrier devrait le faire ,
vers la douce terre de sa ville natale,
qui sera bientôt arrosée de son sang le plus chaud.
Il aimait ses rues agréables, son air doré,
le cercle de ses collines, sa mer saphir,
et il aima autrefois, et il aimait jusqu'à sa mort,
la pauvre chose à moitié brutale que sa foule devint
Sous la botte des tyrans ; S'il ne l'avait pas fait,
il aurait pu terminer sa vie
et mourir parmi les oreillers de son lit.
Mais il aimait tellement son Syracuse qu'elle,
fatiguée de son grand cœur, laissa échapper son rouge
sur les cailloux de ses rues et s'écria :
« Mes propres mains l'ont tué, car il aimait trop.

« Trop, oui, à son appel pitoyable, il est venu
Et a saisi le talon du tyran sur votre cou ,
Et l'a renversé, vous ordonnant de vous lever .
Et quand vos pères stupides craignaient sa force,
et tendaient leurs pièges meurtriers autour de son chemin,
il tira l'épée pour elle, pour elle il la rengaina,
dédaignant comme un guerrier de se mettre en colère
contre l'utilisation par le serpent de son pouvoir retrouvé
pour piquer la poitrine qui l'a réchauffé à la vie;
Et celui dont la parole aurait alors pu écraser la ville
et en faire une ruine informe à ses pieds,
conduisit à Léontini tous ses hommes,
qui, si vous l'aviez tué, auraient entassé à terre
vos corps pour son bûcher funéraire ;
Et qui, avec des yeux qui maudissaient ses pierres,
quitta Syracuse indemne, à son commandement.
Pourtant, le lendemain, dans votre nouvelle détresse,
vous n'avez pas hésité à envoyer avec une hâte lâche

vos envoyés en pleurs, flattant ses pieds
et criant : « Venez nous sauver ; oh, oublie,
Grand Dion, combien nous t'avons fait du tort, reviens,
encore une fois, et sauve notre Syracuse.

« Il n'y a pas de profondeurs dans l'océan, la terre ou le ciel
aussi profondes que l'orgueil de Dion ; il n'y a aucune force
à la mesure du mépris qui a retroussé ses lèvres
En haine du monde inconstant ,
Avant de plonger pour toujours dans le gouffre de la mort.
Il était si fier qu'il méprisait le succès .
Sa virilité était la couronne que portait son esprit.
Son cœur sévère ne ressentait aucune impulsion de joie arrogante
lorsqu'il chargeait en tête sur les rangs en déroute
de Denys en fuite précipitée ;
Ni quand, en tant que conquérant, sur la colline de la ville,
la foule sauvage le portait avec leurs acclamations bruyantes,
et que les femmes sur les toits des maisons l'acclamaient roi ;
Et il a crié ses louanges jusqu'au plus profond des profondeurs.
Mais il était fier, comme pourrait l'être un dieu ,
de sa conquête de lui-même, lorsqu'il poursuivit en justice
le faux Héraclide , dont le perfide complot
visant à le renverser était sur le point de provoquer votre perte.
Vous avez vu le traître s'agenouiller, vous avez entendu ses paroles ,
Comment sa langue rapide cachait les crocs empoisonnés.
Mais quand toutes les voix criaient : « Laissez-le mourir »,
le plus lésé obéit à cette voix intérieure
qui lui ordonnait d'épargner un ennemi tombé,
et se baissant, il se releva et lui pardonna,
connaissant bien comme vous la bassesse de cet homme,
mais étant trop grand pour la méchanceté comme la vengeance.

« Si Dion n'avait pas été fier, ô Syracuse ,
il aurait pu raconter une telle histoire de malheurs endurés
qui, comme un vent du sud humide après le gel, auraient fait
couler
vos murs et vos portiques avec des larmes de sympathie silencieuse.
Vous pensiez que ce jour-là, il vous lisait impassible
La lettre que son propre fils lui écrivait
Dans son jeune sang, sanglotait avec des cris brisés,
Pendant que Denys appuyait les fers chauffés au rouge
sur le dos de son mince garçon, qu'il était de pierre,
Inhumain , ou s'il était humain, faible comme toi,

Et qui, par trahison, le rachèterait de ses chaînes.
Non, mais vous ne saviez pas comment le cœur de son père
brûlait avec la fureur du soleil en fusion ,
et comment les cendres de son étranglement étouffaient
la voix inébranlable qui criait : « Je ne céderai pas,
je ne ferai pas tort à mon sang par une trahison
. c'est vrai, les dieux le délivrent.

" " C'était bien que vous ne l'ayez pas remarqué l'autre jour
où il s'est introduit par effraction dans la citadelle
désertée par le tyran, et y a trouvé,
plus blanche, plus semblable à une pierre que le puits de marbre
. " Contre quoi elle s'est accroupie loin de lui, dans une peur muette,
sa femme. , son Arete perdue depuis longtemps , et s'en alla
et retira ses mains blanches de son visage et dit :
« Ma femme, la mienne, ton Dion revient,
et son grand amour lave ton corps
des péchés qui t'ont été imposés, qui n'étaient pas le tien.
Car tandis qu'elle se levait et s'accrochait à son cou ,
Haletante et frémissante comme un faon traqué,
Elle baissa son visage avec une honte naïve
Et lui dit, la joue contre sa poitrine,
Comment, à travers ces années de misère captive
, Elle, comme une prêtresse, avait dans le sanctuaire secret
De son cœur marié toujours brillante et pure
La flamme vestale de son grand amour pour lui.
C'était bien que vous n'ayez pas remarqué, hommes syracusains ,
combien Dion était alors différent de la pierre, combien
les larmes de sa femme coulaient sur les cheveux de sa femme.
C'était bien que vous n'ayez pas entendu ce que son cœur battait ,
sans un mot, dans son oreille serrée,
sinon vous et vos femmes l'auriez traité de faible,
quand vous aviez vu ce moi intérieur mis à nu
qu'il a abandonné pour servir son pays natal. atterrir."

Un arbre fort qui a bravé mille tempêtes
peut chanceler dans le vent qui amène sa chute ,
alors maintenant je pense que ma fierté s'éteint
Quand ainsi je parle avant mes funérailles
De tout l'amour, la haine, le devoir, la retenue,
l'ingratitude et l'angoisse. , qui ont gravé
Et marqué le vieux Dion tel qu'il est aujourd'hui,
Avec toutes ses années passées et tous ses actes.

Et maintenant, dieux éternels, je viens à vous
Par la mort, d'un pas calme et irrévocable.
Adieu, la guerre pénible de la vie. Comme un roi ,
Grands dieux, recevez-moi dans le bonheur ou le malheur,
quel que soit votre pays ; place mon trône
parmi la compagnie de ceux qui se sont efforcés
de monter par la conquête intérieure, non par le sang ;
Et qui acceptent et boivent avec un esprit égal
Plaisir ou douleur, défaite ou victoire.
Je ne me soucie pas d'être le plus haut, seulement le pair
de tous les grands qui sont rassemblés là-bas ;
S'il faut que mon rang soit blasonné sur mon trône,
inscrivez-y : « Dion, tyran de lui-même ».

Ha! vous avez trouvé une épée ; c'est bien, car maintenant
je vais m'endormir comme un soldat devrait le faire,
blessé de front et par le fer d'un soldat.
Ô Syracuse, j'ai pensé tailler un rocher
brut et non taillé dans une forme parfaite ;
Mais voilà ! Je n'ai travaillé que de l'argile,
et chaque vent et chaque pluie vous ont fait fondre
dans la boue commune que les tyrans aiment
aplanir pour ouvrir un chemin facile vers le pouvoir.

Ici, jeunes, je ne bronche pas, voici ma poitrine ,
Shaggy, comme un front de lion, strié de gris.
C'est votre gloire d'anticiper
le massacre tardif du Temps. Viens, qui sera grand
Et le premier se faire un nom et tremper
Ses faibles mains dans le sang royal de Dion ?
Je vous en prie, faites vite, je ne crains pas la douleur ,
mais je quitterais la vie. Voici mon cœur nu ;
Il heurte les bords de cette côte,
mais pas plus vite que d'habitude. Venez, jeunes gens ,
mettez l'épée ici et ramenez-la rapidement à la maison,
et fixez vos yeux sur moi pendant que je tombe,
et remarquez bien la grandeur de ma mort.
Car rien que le flot rouge qui jaillit ,
Aucun cri, aucun gémissement, aucun mouvement de visage,
ne vous dira que vous n'avez tué aucun dieu.
Ensuite, retirez la lame émoussée là où elle a rencontré
Le tranchant trempé de ma volonté de maîtrise de soi ,
Et portez le trophée cramoisi à travers les rues,

Et montrez-le aux citoyens émerveillés ;
Afin que les hommes sachent et racontent plus tard
comment Dion a vécu et est mort pour Syracuse.

L'AMOUR LÉGER.

L'AMOUR a construit une chambre dans mon cœur ,
on n'en a jamais vu de plus délicate,
elle était remplie de livres et de joyaux d'art,
et tout cela fait de la part d'un amoureux
un véritable hommage à sa reine.

Le plafond était d'argent brillant
qui montrait le sol en dessous ;
Les murs étaient tendus de soie si blanche
que même le miroir permettait de voir
une pente de neige battue.

Alors l'Amour ouvrit grande la porte et chanta ,
comme dans un rêve,
Une chanson aussi douce qu'un oiseau peut se déverser
Sur le sol marbré de soleil
De quelque clair ruisseau de forêt.

Il chantait la jeunesse qui ne vieillit jamais ,
les fleurs qui ne se fanent jamais,
le vin dont la douceur n'est pas racontée,
l' honneur éclatant et le courage audacieux,
et la foi plus belle qu'eux.

Et beaucoup de jeunes filles sont passées devant moi,
même si certaines entendaient et sursautaient,
mais pensaient que le chant était si aigu,
qu'il venait de quelque part dans le ciel,
et non de mon pauvre cœur.

Ainsi les années sont venues et les années se sont envolées
vers le bas de la colline au coucher du soleil,
Mais l'Amour est toujours assis et chante seul,
Et, bien que sa voix soit devenue plus douce,
Mon cœur est toujours vide.

ANDANTE.

LES jours et les semaines passent, mon amour ,
Les années défilent à un rythme rapide,
Et la main du temps se montre, mon amour,
Dans les rides de soin de ton visage ;

Mais le lien qui unissait nos cœurs, amour ,
Dans la brume dorée du matin,
Est un lien qui ne se sépare jamais, amour,
Au fil des jours.

Car même si le bras de la mort est fort, l'amour ,
notre amour sa lumière se répandra,
et comme un chant glorieux, l'amour
vivra quand la mort sera morte.

Le chagrin se réveille.

AUTREFOIS jeune fille ,
lourdement chargée,
Cherchait à emprunter
le sommeil au chagrin.

Douce prise,
mais le réveil
dans l'engourdissement
et le mutisme
de l'aube du jour,
avec la pelouse grise
se plissant doucement
sous la pluie,
et les prairies
cachées dans l'ombre,
était plus morne
que les monticules fatigués
qui brisent
les cœurs pour toujours,
là où la mort est la récolte
laisse l'homme endormi
sous la garde de Dieu.

SUR UN ANCIEN PORTRAIT VÉNITIEN.

LES traits surgissent de l'obscurité
Aussi bruns qu'un ancien parchemin ,
Mais les yeux brillent du feu qui brillait
Dans l'âme vivante du mort.

Il est vêtu d'un manteau de cardinal ,
et il porte le bonnet d'État,
mais sa lèvre est retroussée en un ricanement envers le monde,
et son regard est plein de haine.

La vieillesse vient de toucher avec son hiver
Les poils de sa lèvre et de son menton ,
Il se courbait sans doute en marchant,
Et le sang dans ses veines était mince.

Je ne connais ni sa date ni son titre ,
Mais je sais que cet homme est là,
Aussi cruel et froid qu'autrefois,
Lorsqu'il complotait pour la chaire du Pontife.

Il n'a jamais pu entrer au ciel ,
bien que ses terres aient toutes été données pour payer
Pour que des prières soient dites en faveur des morts
D'ici au jour du jugement.

Son palais, ses statues et ses tableaux
étaient le paradis, au moins pour un temps ,
et maintenant il est « où ? » – pourquoi un ornement là-bas
sur mon mur, et je le trouve sublime.

Car l'or d'un autre coucher de soleil
Tombe sur lui encore maintenant ,
Et il approfondit le rouge du bonnet sur sa tête,
Et il fait ressortir les rides de son front.

Les âges sont morts dans le silence ,
Et les hommes ont oublié son tombeau,
Mais il est toujours assis là dans son fauteuil de cardinal,
Et il me regarde maintenant dans l'obscurité.

ANCIENNES LETTRES.

LA maison était silencieuse, et la lumière
s'estompait de la lueur occidentale ;
J'ai lu, jusqu'à ce que les larmes aient obscurci ma vue,
Des lettres écrites il y a longtemps.

Les voix disparues ,
les visages devenus moisis ,
étaient aujourd'hui autour de moi dans la chambre,
et riaient et bavardaient comme autrefois.

Les pensées que la jeunesse avait l'habitude de penser ,
Les espoirs désormais morts à jamais,
Sortaient des lignes d'encre fanée,
Aussi douces et sérieuses que jadis.

J'ai déposé les lettres et j'ai rêvé
Le cher passé mort ressusciter ;
Le présent et son but semblaient
une vision évanouie pleine de douleur.

Puis, avec un soudain cri de joie ,
les enfants firent irruption dans la pièce,
leurs petits visages étaient pour moi
comme un lever de soleil dans un nuage d'obscurité.

Le monde était encore plein de sens ,
Car l'amour vivra même si les êtres chers meurent ;
Je me suis tourné vers la colline sombre de la vie
et je me suis glorifié dans le ciel du matin.

VAN ELSEN.

DIEU a parlé trois fois et a sauvé l'âme de Van Elsen ;
Il a parlé d'abord par la maladie et l'a guéri ;
Van Elsen ne l'entendit pas,
ou oublia bientôt.

Dieu lui
parlait par la richesse, le monde déversait ses trésors à ses pieds et l'appelait
Seigneur ; Le cœur de
Van Elsen en devint gros
Et fier.

Dieu a parlé pour la troisième fois lorsque le grand monde souriait ,
Et au soleil il a tué son petit enfant ;
Van Elsen est tombé comme un arbre
, désespérément.

Alors, dans l'obscurité, une voix retentit qui dit :
« Comme ton cœur saigne , ainsi mon cœur saigne.
Comme j'ai besoin de toi,
tu as besoin de moi. »

Cette nuit-là, Van Elsen baisa les pieds du bébé ,
Et s'agenouillant près du suaire étroit,
Loua d'un souffle fervent
Celui qui a vaincu la mort.

EN MÉMOIRE.

James William Williams, seigneur évêque de Québec, décédé le 20 avril 1892, à l'âge de 66 ans.

À ceux qui sont trouvés fidèles, l'appel au repos
arrive souvent dans la gloire de l'après-midi ,
avant que le soir ne tombe et avec le jour déclinant,
l'esprit s'est obscurci et le travail a perdu son zeste.
Alors maintenant, même si d'abord nos cœurs tristes ont crié « Trop tôt »,
nous voyons que l'ange de Dieu a accompli de manière céleste
son œuvre accomplie et l'amour du Maître en atteste.
Et maintenant il gagne, soustrait à l'œil humain ,
La double immortalité d'un homme bon,
Pour vivre éternellement près du trône du Maître,
Et ici, dans une vie rendue meilleure par la sienne.

LE PÈRE ÉTERNELLE.

TOI dont le visage est comme l'éclair et dont le char est le soleil,
Pour qui mille siècles dans leur passage ne font qu'un,
Tous nos mondes et nos puissants systèmes ne sont que de minuscules
grains de sable,
Tenus au-dessus des gouffres du chaos au creux de Ton main.

Oui, nous voyons ta puissance autour de nous, et nous sentons ses volumes
rouler
à travers le torrent de nos passions et le calme de l'âme ,
où ses visions éclairent les ténèbres jusqu'à l'aube qui doit être,
comme la longue aurore. splendeurs sur une mer polaire silencieuse.

Alors élève-nous, grand Créateur, à la communion avec Ta volonté ,
Écrase nos petites rébellions de cœur, apaise nos envies les plus basses.
Toi dont les doigts à travers les âges ont façonné avec le feu l'âme de
l'homme ,
mélange-la de plus en plus pour toujours au but de ton plan.

Parle, Seigneur, d'une voix de tonnerre, montre tes pas sur les profondeurs ,
déverse ton soleil du ciel sur les yeux aveuglés qui pleurent,
jusqu'à ce que les harmonies de la nature et l'amour humain exalté
fassent de l'univers un miroir du Dieu glorieux d'en haut.

LA DIGUE DE LA MORT.

« Sin est-il donc juste ? »
Non, mon amour, viens maintenant
Repose les cheveux
De son front ensoleillé ;
Voyez, ici, rouge sang.
Sur sa tête,
un tison est posé,
le mot « Regret ».

« Le péché est-il si léger
que, pendant qu'il reste,
nos mains et nos pieds
puissent suivre son chemin ?
Non, l'amour, son souffle
s'accroche comme la mort ,
il éteint le désir
avec un feu liquide.

"Est-ce que le péché est l'aiguillon de la mort ?"
Oui, bien sûr qu'il l'est ,
son aile dorée
obscurcit le bonheur de l'homme ;
Et quand la mort arrive,
le péché s'assoit et fredonne
un chant de peurs
aux oreilles de l'homme.

« Comment tue le péché ? »
Premièrement, Dieu est caché ,
Et le cœur intérieur
Par lui-même ;
Alors le cerveau affolé
Est frappé par la douleur
Pour pécher comme avant
Et de plus en plus,
Pour toujours.

LE JUDICE.

PENSES -tu que toi-même
es aussi blanc du péché
qu'un plat de Delf , —
dehors et dedans ?
Quand tes yeux contempleront
le bon visage du Christ, penchés
sur son trône d'or
pour tester ce qui est raconté
sur la vie qui a été,
comme un lépreux d'autrefois,
tu crieras : « Impur !
Impur! Impur!"

Et penses -tu ceci :
que tu juges correctement
ton cœur tel qu'il est
aux yeux de Dieu et des hommes ?
Imbécile, prends ta lumière ,
et descends l'escalier raide
jusqu'aux cachots profonds de ton cœur,
et fouille-les et balaie
jusqu'à ce que leurs fantômes soient démasqués ;
Autrement, lorsque le jugement viendra,
tu resteras immobile et muet
à la première question posée.

LES DEUX MAITRESSES.

AH , malheur à moi, mon cœur est dans un triste sort,
amoureux également du bien et du mal ;
Le bien a la grâce la plus douce,
mais le mal a le visage le plus joli :
Ah, malheur à moi, mon cœur est dans un triste sort.

Et Right est jaloux que j'aie laissé Wrong rester ;
Pourtant, Wrong semble plus doux quand je me détourne.
Le bien est sobre, comme la vérité ,
mais le mal est dans sa jeunesse ;
Donc Right est jaloux que j'aie laissé Wrong rester.

Quand je suis heureux, laissé seul avec le Bien,
Alors le Mal passe et la met hors de vue ;
Je suis et je m'inquiète,
Et encore une fois j'oublie
Que je suis heureux, laissé seul avec la Droite.

Ah, mon Dieu ! aie pitié de mon cœur !
Je suis une marionnette aveugle, prends ma part !
Châtiez mon amour errant ,
Posez-le sur les choses d'en haut :
Ah, Dieu ! aie pitié de mon cœur !

DANS LES BOIS.

C'EST la maison de Dieu – le ciel bleu est le plafond,
Ce bois le doux tapis vert pour Ses pieds,
Ces collines Ses escaliers, que descendent les ruisseaux,
Avec les rires des enfants qui rendent la terre plus douce.

Et voici ses amis qui viennent, les nuages et les vents doux soupirant ,
et les petits oiseaux dont la gorge déverse leur amour,
et le printemps et l'été, et la neige blanche couchée,
crayonnée d'ombres de branches nues au-dessus.

Et voici que viennent les rayons du soleil à travers les feuilles vertes qui
s'égarent,
Et les ombres des nuages d'orage à découvert,
Et les nuits chaudes et feutrées, quand la terre mère prie
Si tard que sa bougie lunaire brûle jusqu'à l'aube.

Douce maison de Dieu, douce terre si pleine de plaisirs ,
j'entre à tes portes dans la tempête ou dans le calme ;
Et chaque rayon de soleil est une joie et un trésor,
Et chaque nuage un réconfort et un baume.

CALVAIRE.

Ô cœur douloureux de l'humanité, déjoué dans ta lutte pour la domination,
Courbé sous le fardeau du vide, noirci de passion et de malheur ;
Voici une foi qui te portera sur l'aile d'un pignon omnipotent,
Jusqu'au ciel de la victoire, là pour être connu et connaître.

Voici la vision du Calvaire, couronné de la révélation du monde,
Trônant dans la grandeur des ténèbres et des tonnerres qui vivifient les
morts ;
Un météore d'espoir dans l'obscurité brille comme une nouvelle
constellation,
divisant la nuit de notre chagrin, révélant un chemin sur lequel nous
marchons.

Maintenant les portes de la mort sont franchies par les pieds du Conquérant
;
Les flammes du soleil dans son coucher roulent sur la ville maudite,
Et revêtent de pourpre impériale le Corps triomphalement centré ,
Nu et blanc entre les voleurs et les fantômes qui se sont glissés hors du
tombeau.

Ô Âme, cet art perdu dans l'immensité, avide de lumière et désespéré ,
Voici la main du Crucifié, des pulsations d'amour dans ses veines,
Humaine comme la nôtre dans son toucher, avec les nerfs de la Divinité
portant
Les zones des planètes pendantes, le poids des vents et des pluies.

Ici, au Cœur du Crucifié, trouve-toi un refuge et une cachette,
Amour au cœur de l'univers, guidance et paix dans la nuit ;
Les siècles passent comme un déluge, mais le Rocher de notre force
demeure,
Ancré dans les profondeurs de l'éternité, ceint d'un manteau de lumière.

Voici, alors que nous nous émerveillons et adorons, la nuit des doutes qui le
cachent ,
roule depuis la face de l'aube jusqu'à ce que ses rayons descendent à travers
les fissures des nuages ;
Les vapeurs qui se sont cachées se condensent en rosées de sa grâce qui le
révèlent,
et brillent de sa lumière sur les collines alors que nous montons dans la
splendeur de l'espérance.

AUX LAUDES.

C'est doux de se réveiller avant l'aube ,
Quand tous les coqs chantent,
Et depuis ma fenêtre sur la pelouse,
De regarder le voile de la nuit se retirer,
Et de sentir le vent frais souffler.

J'entends le murmure des chutes ,
Sa veille nocturne ;
Et doucement maintenant, comme s'ils craignaient
de réveiller leurs voisins endormis à proximité,
Les arbres se réveillent de leur sommeil.

Cher Seigneur, de si merveilleuses pensées à ton sujet
remplissent mon âme ravie ,
que, comme un oiseau sur l'arbre,
d'un ménestrel doux mais muet,
mon cœur le plus intime palpite.

DANS LE PARC PAROISSIAL.

Alors que maintenant mes pieds s'égarent
Où gisent tous les morts ,
ô arbres, que dites-vous
Qui fait soupirer mon âme ?

Votre son est comme les pleurs
de quelqu'un qui redoute le lendemain ,
ou le sanglot d'un cœur triste qui dort
pour la plénitude de son chagrin.

Il me semble que tes radicelles, tâtonnant
Sous les couches obscures de la terre ,
Ont trouvé le doute et l'espoir,
Les blasphèmes et les prières,

Des cœurs qui ici nourrissent
Le ver ; et maintenant, par pitié ,
vous envahissez en intercédant
le sol de la grande ville de Dieu.

L'INVALIDE.

J'AI RENCONTRÉ une fois, dans un chemin de campagne ,
Une petite infirme, pâle et maigre,
Qui de ma présence cherchait encore
Les ombres dans lesquelles elle s'était cachée.

Ses joues décharnées que les cieux au coucher du soleil
avaient sanctifiées de leur éclat décoloré ;
Et dans ses grands yeux brillants
résidait le malheur inexprimé d'un enfant.

Elle se glissa dans le bois d'automne ,
Les buissons écartés se refermèrent derrière ;
Pauvre petit cœur, j'ai compris
La honte éhontée qui remplissait son esprit.

J'ai compris et je l'ai bien aimée
Pour un visage triste que j'ai aimé autrefois, —
Et dans l'allée les feuilles mortes sont tombées ,
Comme des rêves qui passent pour toujours.

UNE NOCTURNE.

DANS la petite église française au détour de la rivière,
Quand le vent était pluvieux et fort dans la nuit,
Une lampe d'autel brûlait au puissant Donateur de grâces,
Le Saint Enfant Jésus, la Lumière de la Lumière.

Il était accroché au toit à une chaîne et se balançait ,
comme une agitation inconvenante pour gronder,
comme le bâton du maître de chœur lorsqu'il fait taire le chant,
ou la langue de la cloche quand le tintement s'apaise.

Il illuminait les pauvres fleurs de papier de l'autel ,
Et étranges étaient les ombres qu'il répandait autour
De la chaire et du pupitre, sur le siège du chœur et du psautier,
Tandis que les chaînes jetaient sur le sol le fantôme d'une croix.

Les gens dormaient dans leurs cabanes .
Le curé était couché dans son lit à baldaquin ;
Tandis que sous les saules, la rivière rampait
Comme silencieuse par la peur du vent au-dessus.

Mais la petite église sombre avait sa propre congrégation —
Les ombres qui se balançaient sur les bancs et le sol —
Tandis que les chevrons qui grinçaient étaient un chœur dont les louanges
avaient pour base un orgue dans le rugissement de l'ouragan.

Le coq doré et rouillé sur la flèche était le prédicateur ,
Et sa voix grondeuse et grincheuse était à entendre,
Alors qu'il se tournait vers la tempête comme un vieux professeur fidèle
qui prophétise des choses difficiles sans se soucier de la peur.

Mais le service reflétait l'état du temps .
Car même si chacun, je dois le dire, faisait sa part avec volonté,
le prédicateur et la chorale parlaient et chantaient tous ensemble,
et les formes sur les bancs ne restaient jamais immobiles.

Pourtant il y avait l'hostie, au milieu de l'autel ,
où était accroché ce petit rideau rouge de damas,
le Dieu que le roi David a loué dans le psautier,
et que tout le chœur des siècles a chanté.

Mais le cœur de notre Dieu, Celui qui donne la vie, est si grand
qu'en lui se rencontrent l'humour et le pathétique de la vie ;
Ainsi, je n'en doute pas, cette nuit-là dans l'église au bord de la rivière,
le service que la pauvre vieille tempête lui rendait avait l'air doux.

SONNETS.

À MA FEMME.

DOUCE Dame, reine-étoile de ma vie et de ma pensée ,
dont l'honneur , le cœur et le nom ne font qu'un avec le mien,
qui brille au-dessus des courants troublés de la vie
avec un rayon si clair qui a souvent amené
l'esprit ballotté par la tempête dans les ports forgés
par l'amour et la paix. sur la ligne de marge approximative de la vie ;
Je ne souhaite aucun souhait qui ne soit entièrement le tien,
je n'espère aucun espoir autre que celui que tu as recherché toi-même.
Vous ne perdez pas, ma Dame, dans la femme ,
la lumière dorée de l'amour de nos premiers jours ;
Le temps ne l'obscurcit pas, il monte comme le soleil,
jusqu'à ce que la terre et le ciel rayonnent. Douce, ma vie
repose à tes pieds, ainsi que tous les cadeaux et louanges de la vie ,
mais ils ne sont rien comparés à ce que ton chevalier a gagné.

COURONNE DE PRESSE CY .

JE.

LA MORT a rencontré un petit enfant au bord de la mer ;
L'enfant était rouge et son visage était blond,
Son cœur était réjoui par l'air vif et salé,
Plein du rire et de la joie des jeunes vagues.
Alors la Mort se baissa et l'embrassa en disant :
« Toi,
mon enfant, je te donnerai des étés rares et lumineux,
des fleurs et des matins sans midi ni nuit,
ni nuages à assombrir, si tu viens avec moi. »
Alors l'enfant tendit joyeusement sa petite main ,
et marcha avec la mort sur le sable brillant,
et bavarda gaiement, plein d'espoir, et sourit
tandis qu'une brume blanche s'enroulait autour de lui sur le rivage
et cachait à jamais la terre et la mer.
La mort n'a pas terreurs pour un petit enfant.

II.

Il y avait deux âmes qui ne vivaient que par amour ;
L'une est une jeune fille pleine de joie et de jeunesse,
L'autre son jeune seigneur, un homme de vérité
Et très vaillant. Ils ont fait que Dieu d'en haut
a tricoté ces liens sacrés, nul ne peut les enlever
sauf celui qui les a formés. Mais l'année suivante arriva
l'ange de Dieu, avec son visage et ses ailes de flammes ,
et emporta l'âme de la jeune épouse comme une colombe.
Alors son seigneur, inconsolable pendant de nombreuses années ,
cria amèrement à Dieu pour qu'il ne les fasse qu'un,
et ôta sa vie, et fit taire le doux passé.
Alors la mort est venue tendrement et a calmé ses larmes ,
vêtue comme un prêtre, et sous le soleil de l'hiver
dans une tombe blanche les a enfin remariés.

III.

a déclaré : « Voyez quelle est ma force ,
tous les autres périssent, mais je n'échoue pas,
là où la vie abonde le plus, je préviens le plus,

je mesure toutes choses avec ma ligne de mesure. »
Alors la Vie répondit : « Ô mort vantarde, pas la tienne.
Le triomphe final, ce que tes mains défont,
mon enclume occupée l'oublie à nouveau ,
car une lampe s'est obscurcie, j'en fais briller deux. »
Alors la Mort répondit : « Ton ouvrage est beau ,
mais un léger souffle le réduira en poussière. »
"Non, Mort", dit la Vie, "car dans l'air printanier
Une fleur plus douce brise la croûte de l'hiver."
Alors Dieu a appelé et a arrêté ce conflit insensé ;
Ses serviteurs tous deux, car Dieu a créé la mort et la vie.

COLOMB.

IL a saisi les mots que les tonnerres de l'océan jetaient
autrefois sur les côtes orientales insouciantes ,
et dans ses rêves le ciel toujours à l'ouest
l'enseigne d'un espoir glorieux déployée ;
Ainsi, en avant vers la ligne de brumes qui s'enroulait
autour du soleil couchant, avec un œil ferme,
il poursuivit sa course et, faisant confiance à Dieu d'en haut,
ouvrit grand les portes d'un monde plus vaste.

Le cœur qui a veillé pendant ces sombres nuits d'automne
sur la mer vaste et sombre et sur le nouvel empire de l'homme recherché,
seul, sans encouragement , a accompli un acte sublime
qui, comme une étoile derrière les aurores polaires,
brillera à travers les splendeurs de la pensée la plus profonde de l'homme.
Des âges d'or jusqu'à la fin des temps.

1892.

IDOLES.

DANS le cœur de chaque homme, un temple secret se dresse
pour les rites idolâtres de louange et de prière ;
Et des idoles sombres à travers l'air exalté,
Sur des trônes isolés, ou groupées en bandes curieuses,
Regardent la lampe qui oscille dans les mains de la mémoire,
Certaines richement sculptées, avec un visage d'une rare beauté,
D'autres avec des têtes et des seins brutaux infects et nus,
Pourtant couronné d'or et de pierres précieuses provenant de pays lointains.

Prends maintenant ton flambeau, descends les années sinueuses ,
l'escalier silencieux vers ton sanctuaire secret,
et vois ce que Dagon couronne l'étagère la plus haute
avec un front agressif, servi à travers les espoirs et les peurs
dans un culte incessant par l'amour qui compte divin
chacun de ses défauts, - n'est-ce pas Dagon SOI ?

SALOMON.

UNE DOUBLE ligne de colonnes, blanches comme neige ,
Et voûtées de mosaïques riches en fleurs,
Fait carré ce bosquet de cyprès où les fontaines averses
De bassins d'or rafraîchissent l'herbe en bas ;
Tandis que de cette arcade s'écoulent des accents de musique,
Et les rires des belles filles séduisent les heures.
Mais ruminant, comme quelqu'un retenu par des puissances maléfiques ,
le grand roi n'en tient pas compte, marchant tristement et lentement.

Son cœur a vidé les plaisirs de la terre jusqu'aux lies,
A frémi des plus belles extases de la vie ;
Pourtant maintenant, une puissance révèle comme dans un verre
les troubles de l'âme et les sombres mystères de la mort,
et dans les cours les esclaves effrayés le regardent passer,
réitérant : « *Omnia Vanitas !* »

HORS DE LA TEMPÊTE.

LES vents énormes se rassemblent sur le lac de minuit ,
hirsutes de pluie et bruyants avec des pieds blancs comme de l'écume,
puis traversent des kilomètres d'obscurité jusqu'à rencontrer
les navires abrités et les places de la ville, et se réveillent
des clochers, des dômes et des maisons avec des sons qui prennent
un discours humain. , la course folle de la tempête à saluer ;
Et des voix de cauchemar traversent la pluie et la neige fondante
en hurlant, jusqu'à ce que les tendons rocheux de la ville tremblent.

Hurlez, vents, autour de nous dans cette pièce éclairée au gaz !
Lac sauvage, avec des tonnerres bats les barreaux de ta prison !
La vie d'un frère s'en va rapidement ,
Et, montant sur ta musique à travers l'obscurité,
Une âme pure se mêle aux étoiles du matin,
Et avec elles se fond dans la flamme du jour.

HÔPITAL ST. LUKE ,
DULUTH , 17 mai 1894.

www.ingramcontent.com/pod-product-compliance
Lightning Source LLC
LaVergne TN
LVHW091623170726
843492LV00007B/2569